DU CONCOURS

OUVERT A L'ACADÉMIE ROYALE DE MÉDECINE DE PARIS

SUR LES

RÉTRÉCISSEMENTS DE L'URÈTHRE,

POUR LE PRIX D'ARGENTEUIL

de dix mille francs;

Par J.-J. CAZENAVE,

médecin à Bordeaux, membre correspondant de l'Académie royale de médecine de Paris, des sociétés *Huntérienne* de Londres, médico-chirurgicales de Bologne et de Berlin, des sciences médicales et naturelles de Bruxelles, de Bruges, des sociétés de médecine de Hanovre, de la Nouvelle-Orléans, de Lyon, de Toulouse, de Marseille, de la Société des médecins du grand duché de Baden, et membre honoraire de la Société médicale d'émulation de Bordeaux.

A PARIS,

CHEZ J.-B. BAILLIÈRE, LIBRAIRE DE L'ACADÉMIE ROYALE DE MÉDECINE,
rue de l'École de Médecine, 17;

A BORDEAUX,

CHEZ L'AUTEUR, FOSSÉS DE L'INTENDANCE, 45.

1847.

On a maintenant la manie des spécialités :
on veut parquer les hommes dans un cercle,
dans une subdivision de l'art, et, bon gré
mal gré, on leur crée une réputation qu'ils
n'ambitionnaient pas, mais qu'ils sont quelquefois obligés d'accepter faute de mieux.
C'est là mon histoire touchant les maladies
des organes génito-urinaires, bien que je sois
encyclopédiste, que je m'occupe de la chirurgie en général, et que je fasse toutes les
opérations.

La réputation qu'on m'a faite a nécessairement dû me mettre en position d'être consulté pour un grand nombre de maladies de l'urèthre, de la prostate et de la vessie, et force m'a été de devenir un praticien, sinon très-capable, sinon très-habile, mais du moins un de ces chirurgiens qui, le sens commun aidant, arrivent à ne pas faire de trop grosses bévues. Posé de la sorte, j'ai été aussi surpris qu'affligé d'apprendre que mes confrères des provinces et moi, nous étions réputés *ne pas comprendre grand'chose au traitement des maladies des organes génito-urinaires, et que les sommités chirurgicales de Paris étaient seules en possession du talent, de l'habileté et des succès fabuleux* (Textuel.)

Il y a tout au moins de l'exagération dans ces assertions que répètent à l'envi, et le public, et les malades, et quelques médecins eux-mêmes, car la province compte des chirurgiens d'un savoir incontestable, d'une grande habileté, qui ont fait leurs preuves, et qui consignent chaque jour, dans des ouvrages didactiques, dans des mémoires, dans des recueils périodiques, le fruit de leurs veilles, des vues nouvelles, ingénieuses, et leurs revers comme leurs succès. Pour ne parler que de la ville que j'habite, que de Bordeaux, tous mes confrères les chirurgiens sont des hommes distingués, parfaitement au courant de la science, méritant la réputation qu'ils se sont acquise, et les postes élevés que la plupart d'entre eux occupent dans l'enseignement ou dans les hôpitaux.

Les *spécialistes* de Paris, en fait de maladies des voies urinaires, ont toutes mes sympathies, et sont trop haut placés dans l'estime de tous pour que je m'avise de contester le mérite de leurs œuvres, de leurs découvertes, de leurs inventions, et les profits immenses qu'en ont retirés la science et l'humanité. A Dieu ne plaise que j'aille, moi, obscur chirurgien de province, nier l'évidence, et m'associer à ces esprits inquiets et rétrogrades que le progrès effarouche, et que les succès d'autrui empêchent de dormir! Qu'il me soit permis, néanmoins, de témoigner mon étonnement à l'endroit de certains ouvrages écrits sur la matière, et dans lesquels on ne voit que des succès, alors que les véritables succès sont si rares, même pour les plus habiles. Mais où en sommes-nous donc en province, me suis-je dit mille fois, si les princes de la science guérissent à Paris comme on dit qu'ils le font, tandis que nous, et moi surtout qui crois avoir quelque expérience, qui pleure un revers, qu'un revers décourage, et que des revers attendent encore dans la carrière, tandis que nous, dis-je, exerçant en province, nous comptons beaucoup plus d'insuccès que nos savants confrères?

Allez à Paris, suivez la pratique des chirurgiens les plus renommés, voyez-les à l'œuvre, comptez les succès bien avérés, bien authentiques, bien complets, n'exagérez pas leurs revers, comparez ce que vous aurez vu avec ce que vous aurez lu dans de très-bons ouvrages, et dites-moi, en conscience, si ces messieurs peuvent et savent toujours éviter les écueils, et si les prétentions de quelques-uns d'entre eux à l'infaillibilité sont fondées. Comment pourrait-il en être autrement quand on sait que le traitement des maladies des organes génito-urinaires est d'une immense difficulté; que rien n'est éventuel comme une manœuvre faite sur ces mêmes organes ; que, jamais, dans les cas épineux, on ne peut compter sur un résultat donné; que les livres sont d'un faible secours en pareille matière ; qu'une expérience éclairée, qu'une hardiesse prudente, qu'une grande habileté dans les actes opératoires sont d'une haute importance dans l'espèce; que certaines maladies de la vessie sont demeurées jusqu'ici d'impénétrables mystères ; que celles du col de cet organe sont encore très-obscures et singulièrement controversées; que celles de la glande prostate, passées à l'état chronique, sont presque toujours incurables quoi qu'on fasse et quoi qu'on ait dit; que celles de l'urèthre enfin sont un sujet d'interminables discussions, ainsi que la lutte engagée à l'Académie royale de médecine l'a surabondamment démontré?

Sans nul doute ce sont là de regrettables et de décourageantes confidences à faire au public et aux médecins, mais l'étude et la pratique de chaque jour mettent ces allégations en parfaite évidence, et toutes les dénégations du monde ne sauraient infirmer la valeur toute brutale des faits, qui donnent incessamment de formels démentis aux chirurgiens qui ont *le malheur* de n'avoir toujours que des succès, hautement prônés et bruyamment annoncés.

DU CONCOURS

OUVERT A L'ACADÉMIE ROYALE DE MÉDECINE DE PARIS

SUR LES RÉTRÉCISSEMENTS DE L'URÈTHRE,

pour le prix d'Argenteuil de 10,000 fr.

I.

Dans sa séance du 20 mars 1838, présidence du professeur Moreau, l'Académie royale de médecine fut informée, par une lettre de M. Lambert, que le marquis d'Argenteuil lui faisait un legs de 30,000 fr.

Voici un extrait des dispositions testamentaires relatives à cet acte de philanthropie :

« Je lègue à l'Académie royale de médecine de
» Paris la somme de 30,000 fr., pour être placée,
» avec les intérêts qu'elle produira du jour de mon
» décès, en rentes sur l'État, et dont le revenu ac-
» cumulé sera donné, tous les six ans, à l'auteur du
» perfectionnement le plus important, apporté pen-
» dant cet espace de temps au moyen curatif du

» rétrécissement du canal de l'urèthre. Dans le cas,
» mais dans le cas seulement où, pendant une pé-
» riode de six ans, cette partie de l'art de guérir
» n'aurait pas été l'objet d'un perfectionnement as-
» sez notable pour mériter le prix que j'institue,
» l'Académie pourra l'accorder à l'auteur du per-
» fectionnement le plus important apporté, durant
» ces six ans, au traitement des autres maladies
» des voies urinaires. »

M. le Président annonça, pendant la même séance, qu'une députation de l'Académie s'était rendue en costume aux obsèques du marquis d'Argenteuil, et que son secrétaire perpétuel avait prononcé quelques paroles à l'éloge du défunt.

Enfin M. le Président ajouta que c'était au docteur Villeneuve, médecin de M. le marquis d'Argenteuil, que l'Académie devait le bienfait qu'elle venait de recevoir, et pria ce confrère de vouloir bien agréer les remercîments de la Compagnie, en attendant que M. le Secrétaire perpétuel les lui transmît par écrit [1].

---

[1] Ce legs n'est point le seul qui ait honoré la philanthropie du marquis d'Argenteuil : il a encore donné 150,000 fr. pour la fondation de dix lits dans un hôpital, et 40,000 fr. à la Société d'Encouragement de l'industrie nationale, pour récompenser chaque année les progrès qu'on pourra faire faire à quelque partie de notre industrie sur laquelle la France serait restée en arrière de quelque autre pays.

Dans les premiers jours du mois d'août 1844, et conséquemment plus d'un mois avant le terme de rigueur fixé par l'Académie royale de médecine, j'adressai à son éloquent secrétaire perpétuel les travaux que j'avais préparés pour le concours au prix d'Agenteuil. Le 14 octobre de la même année je reçus, du si regrettable professeur Auguste Bérard, secrétaire de la Commission, la lettre que voici :

« *Académie royale de médecine*.

» Paris, le 14 octobre 1844.

» Monsieur et très-honoré confrère,

» Vous savez qu'aux termes du testament de
» M. le marquis d'Argenteuil, le prix doit être ac-
» cordé à l'auteur *du perfectionnement* le plus im-
» portant apporté au traitement des rétrécissements
» de l'urèthre, ou, à son défaut, *au perfectionne-*
» *ment* le plus important apporté au traitement des
» autres maladies des voies urinaires.
» En conséquence, la Commission vous prie de
» vouloir bien lui faire connaître, dans une des-
» cription succinte, quels sont les perfectionne-
» ments que vous avez imaginés, et quelles sont

» les pages de vos travanx où ces découvertes se
» trouvent consignées.

» Veuillez agréer,

    » Monsieur et très-honoré confrère,

        » L'assurance de ma parfaite considération.

        » Le Secrétaire de la Commission,

        » *Signé* Auguste Bérard. »

Je répondis immédiatement à cette lettre en donnant les indications qu'on me demandait.

Deux mois après la réception de cette première lettre, j'en reçus une seconde conçue dans les termes suivants :

    « *Académie royale de médecine.*

        » Paris, le 13 décembre 1844.

    » Monsieur et très-honoré confrère,

» J'ai l'honneur de vous transmettre le résultat
» d'une décision qui a été prise par la Commission
» du prix d'Argenteuil : messieurs les concurrents
» sont invités à se rendre dans le sein de la Com-
» mission, pour lui communiquer tous les rensei-

» gnements, démonstrations et manœuvres opéra-
» toires qu'ils croiront propres à faire juger exac-
» tement la valeur de leurs procédés ou perfec-
» tionnements, à éclairer en un mot la Commission
» par tous les moyens qu'ils jugeront convenables.

» Il conviendra de donner avis de votre arrivée
» à Paris au bureau de l'Académie, rue de Poi-
» tiers, 8.

» Agréez l'assurance de mes sentiments
» de considération distinguée.

» Le Secrétaire de la Commission,

» *Signé* Auguste BÉRARD. »

Bien que j'eusse l'intention de répondre à l'invitation que la Commission de l'Académie me faisait de me rendre auprès d'elle, force me fut d'ajourner mon départ, parce que j'avais alors à terminer de laborieuses opérations de lithotritie sur MM. Cailheton, de La Réole (Gironde); Dussau, de Gironde (Gironde); docteur Larrat aîné, de Clairac (Lot-et-Garonne); Olié, d'Eyrans, près Blaye (Gironde) [1]; à remédier à un accident très-

---

[1] L'épithète de laborieuses, que je donne aux lithotrities, est justifiée par la grosseur et la dureté de l'un des calculs, par les manœuvres difficiles et délicates auxquelles je fus obligé de re-

grave survenu chez M. Cottineau, négociant de Bordeaux, que je voyais avec notre malheureux confrère Gergerès; à commencer, dans les premiers jours de janvier 1845, une lithotritie sur le beau-frère de M. le docteur Musset, de Vignonet (Gironde); à traiter de rétrécissements fibreux de l'urèthre, et à opérer d'une fissure anale un officier de la marine royale, qui m'avait été adressé par le capitaine Soucaret, de Bordeaux; à faire une opération avec le docteur Abadie, de Saint-André-de-Cubzac (Gironde); à donner des soins, pour une lésion grave des voies urinaires, à un malade que m'avait confié le docteur Ardusset, de Bazas (Gironde); à terminer un traitement de strictures de l'urèthre sur un client de M. le docteur Paillou, de Bordeaux; à surveiller enfin d'autres malades que j'avais en traitement à cette époque.

Craignant, néanmoins, que la Commission se lassât de ne pas me voir arriver à Paris, j'écrivis à mon ami M. Raymond, que je priai de voir son ami intime le docteur Villeneuve, président de cette Commission, afin d'être fixé sur le terme qu'on pourrait m'accorder. M. Villeneuve répondit que je pouvais attendre jusqu'à ce qu'il me fît prévenir.

courir sur les quatre opérés, par une foule de particularités enfin que j'aurai grand soin de signaler lorsque je publierai ces très-curieuses observations.

De délais en délais je ne partis pour Paris que le 12 juin 1845, et fus invité à me rendre dans le sein de la Commission quatre jours après.

En attendant qu'on me fît appeler, je fus introduit dans le secrétariat de l'Académie où je vis bientôt arriver MM. Auguste Mercier et Béniqué, concurrents comme moi, et attendant comme moi leur tour de parole et de manœuvres opératoires.

Quand M. Béniqué, qui avait passé le premier, eut terminé, j'entrai dans une salle où je trouvai l'aréopage de la rue de Poitiers au grand complet et les oreilles curieusement dressées, *auribus arrectis*. J'éprouvai quelque embarras, je dois l'avouer, à dire toute ma pensée sur les imperfections que j'avais à signaler touchant le traitement des rétrécissements de l'urèthre, surtout en présence de MM. Amussat, Civiale et Ségalas, qui ont publié des travaux fort estimés sur la matière. Quoiqu'il en fût de mes préoccupations, j'affirmai que, bien que la thérapeutique de ces redoutables maladies eût fait des progrès incontestables depuis dix-sept ou dix-huit ans, il n'en était pas moins vrai qu'il restait beaucoup à faire pour arriver à un mode de traitement *positif*, exempt de dangers, procurant des guérisons radicales et durables, à un traitement enfin qui satisfît à la fois aux besoins de la science et de l'humanité. Somme toute, ajoutai-je, la plupart des moyens explorateurs, les procédés nombreux de dilatation, de cautérisation et d'incision laissent beaucoup à désirer; les récidives sont fréquentes, le traitement insuffisant dans beaucoup de cas, en sorte que la science et la pratique n'ont que très-peu gagné à tant de perfectionnements. Il y avait donc mieux à faire, je dus le dire, et m'efforcer de le démontrer par des faits qui feront la base d'un nouveau travail pour un nouveau concours.

Après cette espèce de philippique contre tout ce qui avait été fait à l'endroit et à l'occasion du traitement des rétrécissements de l'urèthre, je lus à la Commission le mémoire suivant :

II.

Nouveau procédé pour la préparation et la conservation des sondes et des bougies en gélatine de l'ivoire.

Au mois de juin de l'année 1840, je publiai un travail [1] dans lequel je fis l'histoire succincte des sondes et des bougies flexibles, dont l'invention remonte au seizième siècle, d'après Alphonse Ferri.

---

[1] *Des sondes et des bougies en gélatine de l'ivoire;* par J.-J. Cazenave, médecin à Bordeaux. — Paris 1841; chez J.-B. Baillière, rue de l'École de Médecine.

En parlant des sondes et des bougies dites de gomme élastique, je dus signaler aux praticiens les nombreux inconvénients attachés à leur usage, et exposer les motifs pour lesquels je proposais de nouveaux instruments. En conséquence, et dès le mois de décembre 1831, je fis des recherches dans ce but.

J'opérai d'abord sur des fanons de baleine, et les confiai ensuite à M. Fauré, chimiste très-distingué de Bordeaux, qui fit des expériences fort curieuses consignées dans mon travail, expériences que M. Fauré lui-même publia dans le Journal de Pharmacie et des Connaissances accessoires; *Paris* 1833, t. XIX, p. 375. — Rien ne me réussit de ce côté, et force me fut d'abandonner les fanons de baleine. Je ne fus pas plus heureux en traitant les os des grands quadrupèdes et les défenses de morse par l'acide hydrochlorique très-étendu, en ce sens que leurs surfaces, bien que parfaitement polies par l'ouvrier, étaient assez profondément altérées par le dépouillement des sels calcaires.

L'ivoire seul me paraissant être la substance à l'aide de laquelle je pourrais atteindre le but que je m'étais proposé, je fis de nombreuses expériences sur cette matière organique pendant les années 1832, 1833, 1834, et pris les précautions nécessaires pour m'assurer la priorité de mon invention.

Après beaucoup de recherches, de tâtonnements

et de mécomptes, j'arrivai à de bons procédés de préparation et de conservation, qui sont insérés dans mon premier travail, et qu'il est indispensable que je reproduise ici.

« On met les sondes et les bougies en ivoire dans une éprouvette en verre ou tout autre vase allongé, qu'on remplit d'acide hydrochlorique étendu d'eau distillée, marquant trois degrés à l'aréomètre des acides, et de manière à ce que les instruments y plongent jusqu'à 25 millimètres de leur extrémité manuelle. Vingt-quatre heures suffisent pour dissoudre les sels calcaires des sondes et des bougies n°s 1, 2, 3 et 4. Seulement il est nécessaire que l'extrémité des instruments, répondant au fond du vase, soit mise pendant douze heures dans de nouvelle eau acidulée, attendu que l'*acide saturé des sels*, gagnant la partie inférieure de l'éprouvette, agit beaucoup moins sur les portions d'ivoire qui sont en contact avec lui. Il faut laisser les sondes et les bougies du n° 5 au n° 12 plongées dans l'eau acidulée pendant quarante-huit ou soixante-douze heures, selon leur grosseur. Ce n'est que lorsque le tissu gélatineux de ces instruments a été complétement mis à nu, et que leur flexibilité est entière, qu'on doit procéder à l'application du moyen conservateur que l'analyse eût été impuissante à découvrir si j'avais voulu n'en pas divulguer le secret.

» Lors donc que le tissu gélatineux de mes instruments a été complétement mis à nu, et que leur flexibilité est entière, on les essuie exactement et on les plonge dans une solution saline d'hydrochlorates de chaux, de magnésie, d'ammoniaque et de soude neutres, faite à parties égales des sels, et dans des proportions telles, que le solutum salin marque quatre degrés à l'aréomètre des sels. Ces petites sondes et bougies devront séjourner quarante-huit heures dans ce solutum; les moyennes et les grosses de trois à cinq jours, selon le calibre.

» Après cette seconde opération, les instruments devront être sortis de la solution, essuyés, exposés à l'air pendant vingt-quatre heures, lavés à l'eau froide, essuyés de nouveau, exposés encore à l'air pendant dix à douze heures, puis servir quand besoin sera [1]. »

Bien qu'on se serve tous les jours de mes sondes et de mes bougies en gélatine de l'ivoire; bien que les malades s'en trouvent on ne peut mieux; bien que des praticiens très-distingués de Paris et de la province recourent souvent à leur usage, et que l'habile et fort ingénieux fabricant d'instruments de chirurgie M. Charrière ait vendu toutes celles que je lui ai livrées depuis quelques années, malgré cela deux reproches ont été faits à ces ins-

---

[1] *Ouvrage cité*, pages 28, 29 et 30.

truments. L'un de ces reproches n'est pas fondé, et consiste à dire que leur prix est trop élevé, comme si le coût des sondes et des bougies qui servent sans s'altérer, sans faire courir aucun risque aux malades, sans les faire souffrir, pouvait être un obstacle sérieux apporté à leur usage. Ces instruments sont un peu chers, je l'avoue, mais cette cherté tient au prix de l'ivoire, que j'ai vainement cherché à remplacer par d'autres substances.

Le second reproche est fondé, je le reconnais, et repose sur les observations pratiques de Sanson d'abord, puis de M. Leroy d'Etiolles. Il arrive en effet que, lorsqu'une sonde ou une bougie en gélatine de l'ivoire a séjourné pendant quelques moments dans l'urèthre, cet instrument semble *se coller* au canal, y adhérer presque, et n'en pouvoir être sorti qu'en usant d'une certaine force.

Hé bien! prenant en considération le reproche qu'on m'a fait, et qui est mérité, j'ai cherché tout à la fois à faire disparaître l'inconvénient signalé, et à rendre mes instruments plus durables. Voici comment M. Fauré [1] et moi nous avons procédé pour atteindre ce double but :

---

[1] Je suis toujours heureux, on le comprendra sans peine, de dire bien haut tous les services scientifiques que le savant et modeste M. Fauré ne cesse de me rendre depuis tantôt seize ans, à l'occasion de mes travaux parus ou à paraître, mais surtout à

Il faut d'abord préparer les instruments comme je l'ai indiqué dans mon premier travail, c'est-à-dire les soumettre successivement à l'action de l'acide hydrochlorique et des sels déliquescents, puis, après les avoir débarrassés, par lévigation, de toute l'eau saline, les immerger dans une légère infusion de quinquina et de noix de galle, calculée de manière à ce que ces astringents n'agissent pas trop fortement sur le tissu gélatineux.

Les proportions suivantes nous ont paru être les meilleures :

    Quinquina calissaya..... 100 grammes.
    Noix de galle d'Alep.... 10 —

Pulvérisez grossièrement et faites infuser pendant vingt-quatre heures dans un litre d'eau; filtrez et ajoutez cinq litres d'eau de fontaine à cet infusum clair. Placez ce liquide dans un bocal convenable, et faites y macérer les sondes et les bougies. Cette dose peut servir pour deux cents de ces instruments. Après une macération de quarante-huit heures, sortez-les du vase, et plongez-les dans une solution de 20 grammes de sulfate de fer dans six litres d'eau. Au bout de vingt-quatre heures d'immersion ils auront acquis le degré de coloration

---

l'endroit des analyses nombreuses de pierres broyées, de pierres extraites do la vessie par la taille, d'urines provenant de maladies très-variées de l'appareil génito-urinaire, etc., etc.

voulue. On peut du reste augmenter ou diminuer à volonté l'intensité de la couleur, selon qu'on les laisse plongés dans ce liquide plus ou moins longtemps.

Quand toutes ces préparations sont terminées, on sort les sondes et les bougies du vase qui les contenait, on les lave plusieurs fois à grande eau, on les essuie une à une avec soin, puis on les huile très-légèrement.

Somme toute, mes instruments, ainsi préparés, conservent toutes les propriétés de ceux qui n'ont été soumis qu'à l'action de l'acide hydrochlorique et des sels déliquescents, et sont, outre cela, privés de cet enduit gélatineux qui adhère si intimement à l'urètre, en même temps qu'ils acquièrent des conditions de durée infiniment supérieures à celles de mes premières sondes.

III.

Après cette lecture, et au sortir de cette séance, pendant toute la durée de laquelle la commission du prix d'Argenteuil m'avait écouté avec la plus bienveillante attention, on me complimenta, on me dit que j'avais conquis une très-bonne place dans le concours, et que j'étais certainement de tous les candidats celui qui avait produit les choses les plus utiles et les plus ingénieuses. Bien que j'eusse des raisons de croire que de pareils éloges n'étaient pas tout à fait mérités, et que je susse pertinemment que MM. Leroy d'Étiolles et Auguste Mercier m'étaient supérieurs, je n'en fus pas moins très-satisfait de mon voyage à Paris.

A quelque temps de là, le docteur Amussat, qui était le rapporteur de mes travaux, m'écrivit la lettre suivante :

« Paris, le 27 septembre 1845.

« Mon cher Confrère,

» J'ai fait votre rapport mardi ; la discussion n'au-
» ra lieu que dans quelque temps. J'aurais besoin
» de beaucoup de renseignements qui me man-
» quent, particulièrement sur votre spéculum et sur
» vos sondes d'ivoire. Je regrette que vous n'ayez
» pas donné des preuves que les sondes en ivoire
» flexible ont produit des résultats qu'on n'aurait
» pas obtenus avec des sondes élastiques en caout-
» chouc.

» Quels sont les cas dans lesquels les sondes en
» ivoire flexible sont indispensables ?

» Monsieur Dieffenbach est ici ; il désire beau-
» coup vous voir, et il m'a dit qu'il resterait vo-

» lontiers huit jours de plus pour vous attendre. Je
» vous prie de me répondre, courrier par courrier,
» si vous pouvez venir. J'ai promis de rendre une
» réponse à mon ami le grand chirurgien de Berlin.
» Veuillez agréer de nouveau l'assurance de mes
» sentiments les plus distingués.

« *Signé* Amussat. »

Je m'empressai de donner à M. Amussat les renseignements qu'il me demandait, mais il me fut impossible de répondre à la gracieuse invitation du célèbre Dieffenbach, parce que, à cette époque-là, j'avais à faire une opération grave sur un notaire avec mes confrères M. Petit, de Cézac, et M. Duval, de Saint-Savin; à suivre plusieurs malades dont je ne pouvais pas interrompre le traitement, et à continuer une lithotritie sur les singulières particularités de laquelle j'appellerai bientôt l'attention des médecins. M. Fauré, le chimiste, assista à l'une des séances, brisa lui-même quelques fragments très-durs du calcul, et me signala un fait que je n'ai encore rencontré qu'une fois dans mes lectures, tant il est étrange.

Vingt jours après sa première lettre, mon savant et excellent confrère M. Amussat m'en écrivit une seconde que voici :

« Paris, le 16 octobre 1846.

« Mon cher Confrère,

» Je crois que vos travaux seront définitivement
» jugés mardi prochain. Hâtez-vous de m'envoyer
» ce que vous m'avez promis.
» On dit que votre paquet cacheté est du 15 jan-
» vier 1839, et que le *Constitutionnel* du 5 janvier
» fait mention des sondes d'ivoire de MM. Darcet
» et Charrière.
» Donnez-moi vite des *preuves pratiques* de la
» supériorité des instruments d'ivoire sur les son-
» des élastiques ordinaires.
» Veuillez agréer de nouveau l'assurance de mon
» bien sincère dévouement.

« *Signé* AMUSSAT. »

Vite, et courrier par courrier, j'écrivis à M. Amussat qui, ainsi que je l'en priais, lut ma réponse à la commission. Voici cette réponse :

« Bordeaux, le 19 octobre 1845.

» Mon très-honoré Confrère,

» Je vous sais très-bon gré de votre bienveillante

attention, et de la bonté que vous avez de me prévenir de ce qui se passe à l'Académie, me concernant.

» Dans la lettre que vous m'avez écrite, il s'agit de deux choses : de priorité d'abord, puis de *preuves pratiques* à fournir quant à la supériorité des sondes et des bougies en ivoire sur les mêmes instruments, dits de caoutchouc.

» Quant à la question de priorité, je ne suis pas étonné du débat qui s'est élevé à ce sujet, et des difficultés qu'on m'oppose, car je sais qu'en chirurgie, comme en beaucoup d'autres choses, Paris ne comprend pas qu'on invente ou qu'on modifie quoi que ce soit en province, qu'on témoigne de quelque capacité, partant, qu'un provincial de ma façon puisse prétendre à l'honneur d'avoir inventé des sondes et des bougies en ivoire, inventées avant lui, prétend-on, par le savant Darcet, de l'Institut, et l'habile fabricant d'instruments de chirurgie, M. Charrière.

» Néanmoins, et nonobstant cette opinion d'une fraction de la Commission, je crois que quand un homme sérieux, comme j'ai la prétention de l'être, affirme qu'il est l'inventeur de telle ou telle chose, on doit l'entendre, vérifier ses preuves, les contrôler, et ne pas affirmer légèrement qu'il n'a pas inventé les sondes en ivoire, parce que le *Constitutionnel* a publié, le 5 janvier 1839, dit-on, ce que lui, Cazenave, n'aurait adressé à l'Académie, dans un paquet cacheté, que le 15 du même mois. Pour des esprits prévenus et qui ne liraient pas attentivement mes documents, cette manière de procéder par dates serait péremptoire et me débouterait de mes prétentions. Toutefois rien n'est encore perdu, et ma priorité d'invention est tellement évidente, j'ai à alléguer de si solides témoignages en sa faveur, que je ne crains aucun contradicteur.

» Et d'ailleurs, pourquoi n'y regarderait-on pas à deux fois avant de me dépouiller d'une invention qui m'a coûté beaucoup de temps, beaucoup de recherches et beaucoup d'argent? J'ose espérer que la Commission me prêtera quelque attention, et se rendra à l'évidence de mes preuves.

» Et d'abord, qu'on veuille bien me tenir compte des expériences curieuses que fit M. Fauré sur les fanons de baleine. Mes essais sur les os, sur les défense de morse ne furent pas plus heureux, et force me fut de recourir à l'ivoire. En février 1832, M. Bataille, fabricant d'instruments de chirurgie, à Bordeaux, me conduisit chez son voisin M. Simon, tourneur, auquel j'achetai une défense d'éléphant. Quand j'eus fait quelques expériences avec des baguettes d'ivoire, j'allai chez M. Poitevin (avril 1832), autre tourneur, rue de la Petite-Taupe, à Bordeaux, qui façonna des bâtonnets de la même substance, sur lesquels je fis de nombreux essais. Un peu plus tard encore (juin 1832), M. Rivière, très-habile ouvrier, celui qui avait déjà tourné mes sondes et mes bougies en baleine, sur lesquelles M. Fauré avait expérimenté, tourna parfaitement et fora des sondes et des bougies en ivoire, qui me revinrent à un prix beaucoup trop élevé. Éprouvant alors des difficultés pour me procurer de bon ivoire à Bordeaux, le même M. Bataille, que je citais tout à l'heure, me dit de m'adresser à M. Crenet, rue Quincampoix, 69, à Paris, chez lequel je trouverais tout ce dont j'aurais besoin.

» Voici la copie de la lettre que ce fabricant m'écrivit le 12 décembre 1833 :

« Paris, le 12 décembre 1833.

» Monsieur Cazenave, à Bordeaux.

» J'ai bien reçu la lettre que vous m'avez fait
» l'honneur de m'écrire en date du 9 courant.
» Pour y répondre, je vous dirai, Monsieur,
» qu'en raison du prix élevé de l'ivoire et de la
» difficulté de trouver la longueur que vous me
» demandez dans une direction droite, les mor-
» ceaux d'ivoire, qualité ordinaire, de onze pouces
» de long sur cinq lignes de diamètre carrés, re-
» viendraient à environ quatre francs cinquante cen-
» times pièce, arrondis au tour, cinq francs à cinq

» francs vingt-cinq centimes environ, suivant la
» précision qu'il faudrait y mettre.

» Je désire, Monsieur, que vous trouviez ces
» prix à votre convenance, et vous prie d'agréer
» l'assurance de mes très-humbles salutations.

» Pour Charles CRENET fils :

» *Signé* Auguste CRENET. »

» L'original de cette lettre, timbré aux bureaux de poste de Paris et de Bordeaux, est joint au manuscrit que je lus le 2 juin 1840 à l'Académie royale de médecine de Paris, dans les archives de laquelle il fut déposé le même jour. Je vous autorise à prendre cette lettre, à la lire à la Commission, et vous prie de ne pas l'égarer.

» Cette lettre me paraît être un argument sans réplique, et j'ose espérer que la Commission et vous-même, mon savant et très-honoré Confrère, vous la prendrez en très-sérieuse considération. Et, remarquez-le bien, ce document est du 12 décembre 1833 ! six ans avant l'article qu'on dit être inséré dans le *Constitutionnel* en faveur de MM. Darcet et Charrière !

» Telles sont mes preuves en fait de priorité, preuves auxquelles je pourrais ajouter le témoignage de quelques confrères, mes amis, auxquels je montrais les sondes et les bougies en ivoire au fur et à mesure que j'en perfectionnais la fabrication et le mode de conservation.

» Mais, à part la question de priorité, quelle valeur pratique pouvaient avoir les instruments en ivoire de MM. Darcet et Charrière, alors que, dépourvus de sels et réduits à une trame gélatineuse, ils se fendaient selon leur longueur, se dissolvaient avec la plus grande facilité, etc. etc.? Absolument aucune, cela se comprend, et le docteur Guterbock, de Berlin, l'a confessé de bonne foi.

» Quant à moi, sachant bien que les sondes et les bougies en ivoire, dépouillées seulement de leurs sels, ne pouvaient servir à rien, *pratiquement* parlant, je suis parvenu à empêcher que ces instruments et les yeux des sondes ne se fendissent, et à les rendre durables en les traitant par une solution saline d'hydrochlorates de chaux, de magnésie, d'ammoniaque et de soude neutres.

» On avait reproché à mes instruments en ivoire de *se coller* à l'urèthre, d'y adhérer presque, et de ne pouvoir être sortis de ce canal qu'en usant d'une certaine force. Comme ce reproche était fondé, vous savez que je communiquai à la Commission du prix d'Argenteuil le procédé à l'aide duquel je suis parvenu; avec l'aide de M. Fauré, à les affranchir de l'inconvénient signalé et à les rendre plus durables.

» Le manuscrit dans lequel mon procédé est décrit est resté dans vos mains.

» *Preuves pratiques de la supériorité des sondes et des bougies en gélatine de l'ivoire sur les sondes élastiques ordinaires.*

» A part quelques cas exceptionnels dans lesquels il faut se servir des *bougies emplastiques de cire* et de *corde à boyau*, les sondes et les bougies de gomme élastique bien préparées, pleines ou creuses, mais souples, sont les meilleurs instruments connus jusqu'à ce jour, et peuvent être regardés comme un des plus grands perfectionnements de la chirurgie moderne. Néanmoins, et malgré ces avantages, qui sont incontestables, les praticiens ont signalé depuis longtemps les inconvénients attachés à l'usage des sondes et des bougies en tissus vernis, dites de caoutchouc, et j'ai pu moi-même, dans la grande majorité des cas de maladies des organes génito-urinaires que j'ai été appelé à traiter, pressentir combien il serait heureux pour les malades qu'on pût remplacer avantageusement ces instruments défectueux à plus d'un titre. Qui ne sait, en effet, qu'ils se détériorent souvent sans avoir servi, soit à cause de leur ancienneté, soit parce que l'action dessiccative de l'air sur l'huile de lin qui les recouvre scarifie leur surface; qu'ils deviennent rugueux, inégaux, s'éraillent, se dessèchent et deviennent cassants; qu'il faut les renouveler très-souvent, tantôt pour les nettoyer, et tantôt pour qu'ils n'aient pas le temps de s'encroûter de matière saline qui pourrait déchirer l'urèthre en sortant, ou dont les fragments formeraient, en se détachant dans la vessie, la base de calculs plus volumineux? Qui ne sait encore qu'ils fatiguent l'urèthre par leur élasticité même et par leur tendance à se redresser pour peu qu'ils aient de volume, et que, comme corps mécaniques, ils ne peuvent être substitués de tous points aux bougies emplastiques, ainsi que Sommering et la plupart des modernes le prétendent?

» Ma pratique, celle des chirurgiens de Paris, des départements et de l'étranger, qui ont acheté mes sondes et mes bougies en ivoire depuis 1840 jusqu'à aujourd'hui chez M. Charrière, démontre ce qui suit :

» Ces instruments sont d'un poli parfait, glissant, visqueux, et parcourent l'urèthre sans y occasionner de la douleur. Ils acquièrent un quart en plus de leur diamètre quand ils séjournent une demi-heure dans ce canal, et s'y ramollissent à tel point, par la chaleur, que les malades en supportent la présence sans mot dire. Toutefois, et malgré ce ramollissement, les sondes et les bougies en ivoire ne se déforment pas, les parois des sondes ne s'affaissent pas, et leur séjour dans la vessie comme leur contact avec une urine catarrhale et fortement ammoniacale pendant des mois entiers, ne les altère en aucune façon, ne fait conséquémment redouter ni leur dissolution, ni leur cassure.

» En somme, les avantages pratiques de mes instruments sont clairement énoncés dans le travail publié en 1840, et j'y renvoie mes contradicteurs.

» Mille pardons pour mes longueurs; je n'ai pas eu le temps d'être court.

» Tout à vous, mon très-honoré Confrère,

» CAZENAVE. »

Le 29 octobre 1845 je reçus une dernière lettre de M. Amussat, conçue dans les termes suivants :

« Paris, le 29 octobre 1845.

» Mon cher Confrère,

» Je m'empresse de vous prévenir que la Com-
» mission d'Argenteuil a encore accordé quelques
» jours de délai pour expérimenter vos instruments
» d'ivoire, et pour porter un jugement définitif sur
» vos travaux.

» La question de priorité est résolue en votre
» faveur;

» La question de perfectionnement ne me paraît
» pas douteuse ;

» Reste la question d'utilité et de préférence.

» Si vous pouvez venir promptement plaider vo-
» tre cause vous-même, j'espère que vous pourrez
» obtenir toute la justice qui vous est due.

» Venez vite, n'hésitez pas, cher Confrère : j'ai
» fait tout ce que je pouvais, c'est à vous à faire le
» reste. Apportez-nous encore des sondes toutes
» préparées et perfectionnées. Plusieurs membres
» de la Commission ont promis de les essayer.
» N'oubliez pas que nous n'avons que quinze jours.

» Veuillez agréer de nouveau l'assurance de mon
» dévouement.

« *Signé* AMUSSAT. »

IV.

Avant de parler de la détermination que je pris relativement à l'invitation très-pressante que M. Amussat me faisait de repartir pour Paris, je dois dire à mes lecteurs qu'en France comme en Angleterre, comme en Allemagne, comme en Italie, comme en Belgique, les journaux scientifiques se sont tous accordés sur le mérite de mon invention et sur sa valeur pratique. Ne pouvant pas tout citer, je me bornerai à transcrire un article bibliographique de la *Gazette médicale de Paris*.

EXTRAIT DE LA GAZETTE MÉDICALE DE PARIS,
deuxième série, tome dixième, année 1849, page 752.

« BIBLIOGRAPHIE.

» *Des sondes et des bougies en gélatine de l'ivoire; par* J.-J. CAZENAVE, *médecin à Bordeaux*. — *Paris 1841; chez* Jⁿ-B. Baillière, *rue de l'École de Médecine, 17.*

« A côté des insignifiantes publications dont la spécialité des affections génito-urinaires semble, en quelque sorte, avoir aujourd'hui le privilége de doter la science, on distinguera sans doute la monographie de M. Cazenave sur les sondes et les bougies en gélatine de l'ivoire. Après l'avoir lue avec attention, on n'aura pas plus de peine à s'expliquer la faveur qui l'a déjà accueillie, qu'à préjuger celle que l'avenir lui réserve encore. Ce succès, elle le mérite à plusieurs titres. Offrant aux hommes de science une découverte aussi neuve qu'intéressante, aux praticiens un procédé déjà éprouvé par l'expérience, aux esprits inventifs le tableau instructif des essais, des incertitudes, des tâtonnements à travers lesquels passe nécessairement toute idée théorique avant de se convertir en précepte applicable, on voit que, malgré son petit volume, cet opuscule a de quoi piquer la curiosité et captiver l'intérêt de toutes les classes de lecteurs. Quelques mots d'analyse vont confirmer ce jugement.

» Nous avons donné au procédé de M. Cazenave le nom de découverte. Il suffit, en effet, de suivre les phases que son idée a subies, les modifications nombreuses qu'elle a essuyées avant de devenir réalisable, pour se convaincre que c'est bien là une découverte de bon aloi, propre à l'auteur, et qu'il peut revendiquer comme le fruit légitime et chèrement acheté de ses méditations et de ses veilles. Tout a cédé devant sa patience et ses efforts. Ayant sans cesse sous les yeux le but qu'il voulait atteindre, il expérimenta, en premier lieu, avec diverses substances qui paraissaient devoir remplir toutes les conditions de poli et de flexibilité nécessaires pour ses sondes. Ainsi, il fit d'abord tourner et forer des bâtonnets en fanon de baleine. Mais la difficulté fut ensuite de les ramollir, car les acides affaiblis n'avaient que peu d'action sur ces corps, tandis que, employés concentrés, ils les détruisaient en presque totalité. L'auteur prit alors des défenses de narwals; mais cette seconde tentative ne fut pas plus heureuse que la précédente, l'action des acides déformant les sondes ainsi construites et donnant surtout à leur surface un rugueux, un dépoli incompatibles avec l'usage auquel on les destinait. La même imperfection dans les résultats empêcha de songer à utiliser les os longs de grands quadrupèdes. Enfin, après tant d'essais, dont les premiers datent de 1831, M. Cazenave eut la satisfaction de trouver dans l'ivoire toutes les propriétés qu'il cherchait. En dépouillant une tige d'ivoire des sels calcaires par l'immersion dans l'acide hydro-chlorique, il obtint des instruments parfaitement calibrés, et très-capables en apparence de remplacer les sondes et bougies dites de gomme élastique.

» Deux défauts graves s'observaient cependant encore sur ces catheters, et auraient bien suffi pour les rendre entièrement impropres à tout service. D'abord, lorsqu'on en venait à essayer de leur imprimer une certaine courbure, le contour des yeux se fendait immanquablement. L'auteur trouva moyen de remédier à cet inconvénient en garnissant de cire la circonférence des yeux des sondes pendant leur immersion dans la liqueur acide. De cette manière, cette partie de l'instrument conserva une proportion plus grande de sels calcaires, et demeura plns solide et plus susceptible, par conséquent, de résister à l'effort qui tendait à la faire éclater.

» Le second vice des sondes de gélatine était plus grave encore. Après les avoir introduites plusieurs fois dans l'urèthre, l'auteur s'aperçut bientôt qu'elles se ramollissaient, se dissolvaient, se fendaient suivant leur longueur, en un mot, ne pouvaient se conserver et devenaient même d'un usage dangereux.

Ici, encore, une nouvelle voie s'ouvrit à son esprit inventif. Mais l'objet même de ces recherches semblait les condamner à rester bien longtemps stériles. Il s'agissait, en effet, de trouver un procédé capable de conserver indéfiniment la gélatine de l'ivoire qui serait introduite chaque jour dans l'urèthre et la vessie, de l'empêcher de se dissoudre tout en conservant sa solidité, sa flexibilité, son beau poli, et le velouté, le visqueux, le glissant de son contact. Après de nombreux essais avec le tanin, essais répétés soit par l'auteur, soit par M. Fauré, chimiste de Bordeaux, il fallut renoncer à ce mode de préparation qui ne donnait que des produits imparfaits. Enfin, M. Cazenave avait épuisé toutes les tentatives, lorsque des observations répétées lui découvrirent le moyen qu'il cherchait depuis si longtemps en vain. Ce procédé, nous ne le décrirons pas ici; nous dirons seulement qu'il est simple et sûr dans son application, et qu'il communique en peu de temps aux sondes d'ivoire une indestructibilité et une inflexibilité complètes. L'ouvrage de M. Cazenave contient, d'ailleurs, des détails au moyen desquels tout praticien attentif pourra préparer lui-même ces instruments d'un usage si commode et si avantageux. Il donne aussi le moyen de les conserver à volonté, et suivant les besoins, à l'état sec et dur, ou ramollis et flexibles.

» Après cette histoire, si attachante dans le texte

de M. Cazenave, de l'évolution qu'a dû subir sa découverte avant d'arriver au point où elle pût être une conquête importante pour la chirurgie pratique, il n'y aura pas moins d'intérêt pour le lecteur à prendre connaissance des applications heureuses qu'il lui a déjà données. Ici, nous pouvons invoquer une expérience plus étendue que celle du médecin de Bordeaux, car, depuis plusieurs années, l'usage des sondes d'ivoire s'est répandu sur une vaste échelle, et l'on est à peu près d'accord aujourd'hui sur le rang qu'elles doivent conserver dans les procédés du cathéterisme, soit simple, soit curatif des strictures de l'urèthre. Indiquons seulement, en terminant, deux des avantages de ce procédé sur lesquels l'auteur insiste plus particulièrement. D'un côté, l'augmentation de diamètre des sondes et des bougies en gélatine, par l'humidité, offre une utilité incontestable pour procéder à la dilatation temporaire ou permanente de l'urèthre rétréci, et pour préparer certains malades à la lithotritie. Mais comme la bougie se gonfle davantage derrière le rétrécissement qu'à son niveau, on pourrait éprouver, en conséquence, quelque difficulté à la retirer ensuite, si, prévenu de cet obstacle, on n'avait pas le soin de ne l'enfoncer que très-peu au delà du point coarcté. En second lieu, l'auteur fait remarquer, d'après sa propre expérience, que, lorsqu'on a ramolli dans l'eau distillée froide les sondes et les bougies d'ivoire, leur surface acquiert un poli gluant et visqueux, qui les fait glisser dans la main, absolument comme le fœtus putréfié glisse sous la main de l'accoucheur, grâce à l'enduit albumineux qui sert à la lubrifier. On comprend tout l'avantage de cette propriété lorsqu'il s'agit de faire traverser à l'instrument le canal de l'urèthre. Mais, ici encore, l'état pathologique crée des conditions nouvelles beaucoup moins favorables à la manœuvre que la disposition normale. S'il faut, en effet, enfiler un point rétréci du canal, on conçoit que le contour de la stricture, serrant plus ou moins fortement la sonde, la dépouillera, en tout ou en partie, de cet enduit qui facilite son passage. M. Cazenave est encore parvenu à neutraliser cet obstacle, en injectant préalablement de l'huile dans le canal et en en garnissant l'instrument; de sorte que celui-ci garanti, pendant son trajet, contre le frottement, conserve jusqu'au niveau du rétrécissement l'enduit qui doit l'aider à en traverser la lumière.

» Telles sont les idées principales que renferme la nouvelle publication de M. Cazenave. Dans l'impossibilité de reproduire complétement le travail de notre honorable et ingénieux confrère, nous nous sommes attaché de préférence à caractériser, par quelques exemples, le genre particulier de mérite qui le distingue. Notre but sera atteint, si nous avons pu ainsi fixer, sur cet intéressant opuscule, l'attention des praticiens qui se préoccupent du traitement si imparfait encore des rétrécissements de l'urèthre. »

V.

Quoique je fusse fort occupé à l'époque où je reçus la dernière lettre de M. Amussat, et que j'eusse promis, à cette époque aussi, d'opérer de la pierre, par la lithotritie, un client du docteur Étienne Pujos, de Bordeaux, que j'opérai, en effet, dès que je fus de retour de Paris, je ne reculai pas devant un second voyage, devant une seconde comparution à l'Académie, pas plus que devant le sacrifice de mes intérêts, que je compromettais évidemment en abandonnant mon poste deux fois en quatre mois.

Dès mon arrivée à Paris (5 novembre 1845), je vis M. Charrière, avec lequel j'ai des rapports habituels. Cet habile mécanicien s'empressa de me dire que mes droits à la priorité d'invention des instruments en ivoire étaient évidents, incontestables, et que le savant Darcet, de l'Institut, et lui, étaient déboutés de leurs prétentions par les témoignages et les preuves écrites que j'avais invoqués. J'avoue que je n'attendais pas moins d'un homme aussi distingué, et d'ailleurs assez riche de son propre fonds en inventions capitales de toutes sortes, pour ne rien envier à personne.

La Commission ayant été convoquée pour m'entendre, je me rendis à l'Académie, ne parlai cette fois-là que des sondes et des bougies en ivoire, que de leur utilité pratique, que de leur supériorité sur les instruments en caoutchouc, puisqu'il ne devait être question que de cela dans cette séance, et remis moi-même, à chacun des membres de cette Commission du prix d'Argenteuil, un assortiment d'instruments en ivoire préparés par les deux procédés que j'ai indiqués.

Il y avait près d'un an que j'étais de retour à Bordeaux, quand la Commission de l'Académie, composée de MM. Amussat, Bégin, Bérard, Civiale, Jobert de Lamballe, Jourdan, Lagneau, Ségalas et Villeneuve, fit son rapport si impatiemment attendu. Le prix ne fut point accordé, et la somme de *dix mille francs*, léguée par le fondateur, fut partagée, à titre de *récompense seulement,* entre les quatre compétiteurs dont les noms suivent : MM. Perrève, 4,000 fr.; A. Mercier, 3,000 fr. Delcroix, 2,000 fr.; Béniqué, 1,000 fr.

Ce jugement fut fort mal accueilli par plusieurs concurrents, et notamment par les docteurs Leroy d'Étiolles et Guillon. Le premier de ces chirurgiens a écrit une brochure dans laquelle il s'exprime en termes fort sévères sur le compte de la Commission et sur celui des quatre compétiteurs *récompensés* [1]. Le second, M. Guillon, a protesté plus modestement, moins scientifiquement peut-être, dans l'un des numéros de la *Gazette médicale de Paris*. Quant à moi, qui me permets aussi de dire mon mot sur cette affaire, je serai plus humble et plus résigné que ne l'ont été mes deux habiles confrères.

Toutefois, et à propos de je ne sais quelles difficultés, de quelles infractions, de quelles controverses, le jugement rendu par la Commission du prix d'Argenteuil ne fut pas maintenu, et les sommes ne furent conséquemment pas remises aux mains des chirurgiens *récompensés*.

Le prix d'Argenteuil, pour la période de 1838 à 1844, n'ayant pas été donné, l'Académie décida qu'une nouvelle Commission serait appelée à juger les travaux qui ont eu lieu dans ce laps de temps « sur les moyens curatifs des rétrécissements du » canal de l'urèthre ». Donc les travaux de tous les compétiteurs et les miens devront être examinés de nouveau; donc tout espoir n'est pas perdu pour les gros bonnets de ce concours.

En attendant que nos nouveaux juges, constitués en cour d'appel, aient prononcé notre arrêt, voici

---

[1] Leroy d'Étiolles, *Lettre relative au prix d'Argenteuil, adressée aux médecins qui font partie de l'association de prévoyance.* — Paris, 1847.

mon sentiment sur les travaux concourant pour le prix d'Argenteuil si convoité :

Evidemment aucun des quatre chirurgiens *récompensés* n'est l'inventeur d'un perfectionnement important apporté aux moyens curatifs des rétrécissements de l'urèthre;

Evidemment, pour moi, qui connais tous les travaux publiés ou indiscrètement révélés sur le même sujet, je n'en vois pas un, depuis dix ans, qui ait ajouté le moindre perfectionnement à la dilatation, à la cautérisation, aux injections et au cathéterisme forcés, à l'incision excentrique *(scarifications)*, et à l'incision de dehors en dedans *(boutonnière)*;

Evidemment enfin, la première Commission était composée d'hommes très-honorables, très-habiles, très-compétents sur la matière, et si elle s'est trompée dans ses appréciations, elle s'est trompée de bonne foi : *Errare humanum est.*

Somme toute, et bien que la solution du problème touchant le prix d'Argenteuil me paraisse très-ardue et presque impossible dans l'état actuel de la science, j'ai l'intime conviction que tous les compétiteurs et moi-même nous ne pourrons qu'applaudir à l'équité et à la sévère impartialité des juges éminents que l'Académie nous aura donnés.

www.ingramcontent.com/pod-product-compliance
Lightning Source LLC
Chambersburg PA
CBHW070712050426
42451CB00008B/612